No soy floja

Autor: So Hyeon
Ilustradora: Cho Eun-Yeong
Editor: Kim Gil-Won

Altea

¡Despierta, floja!

¡Mamá, no soy floja!
Mi corazón no descansa ni un segundo.
En realidad, late mucho cuando hablo.

¡Escucha con qué rapidez late mi corazón! ¡Pum, pum, pum!

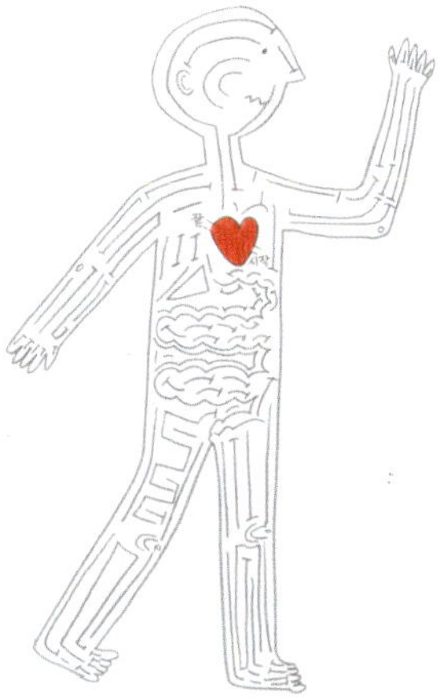

El corazón y la corriente sanguínea

Coloca tu mano sobre el lado izquierdo de tu pecho. ¿Sientes cómo late tu corazón? El ruido sordo que escuchas es el sonido de tu corazón al contraerse y expandirse para bombear la sangre. La sangre es transportada por los vasos sanguíneos a cada rincón de tu cuerpo. La sangre lleva oxígeno y nutrientes a las células y también transporta al corazón el dióxido de carbono liberado por las células. Nuestro cuerpo está formado por millones de células, que producen energía útil del oxígeno y los nutrientes.

¡De veras, mamá, no soy floja!
Mis pulmones no descansan un segundo.
Mi corazón late cuando hablo.

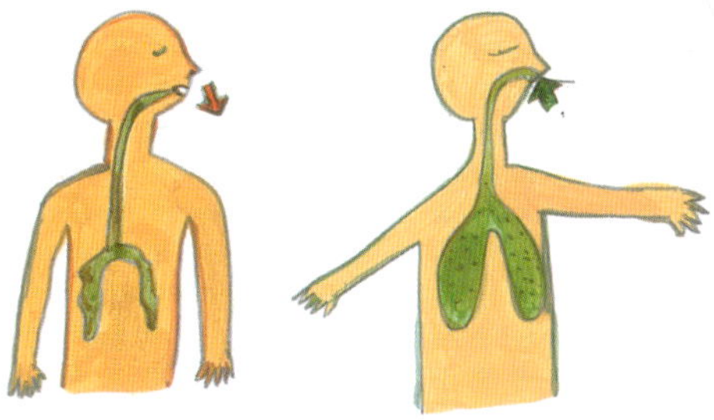

Respirar por los pulmones

En nuestro cuerpo hay dos pulmones, uno a cada lado del pecho. Los pulmones se inflan y se encogen como un globo para que el aire fluya hacia dentro y hacia fuera del cuerpo. ¿Por qué respiramos? Para tener oxígeno fresco y liberar el dióxido de carbono que el cuerpo no necesita. Aspiramos y expiramos 500 ml de aire en cada respiración. Esto equivale al volumen de dos envases de leche pequeños.

Escucha cómo trabajan mis pulmones: ¡Fussshhh!

Mamá, yo no soy una de esas niñas
flojas que no levantan un dedo.

Mis huesos y mis músculos equilibran mi cuerpo,
para que pueda recostarme así.
Uso mi cuerpo incluso cuando me recuesto.

Huesos

Si no tuviéramos huesos, nuestro cuerpo sería blando como una bolsa de piel vacía. Tenemos 206 huesos. Los huesos sostienen todos los órganos del cuerpo. El cráneo protege el cerebro y las costillas protegen el corazón y los pulmones. Tenemos más de 600 músculos. Cuando los huesos y los músculos se mueven juntos, podemos caminar, correr y bailar.

Mamá,
¿estás enojada?

Los ojos y los oídos

Lo que vemos con los ojos y lo que oímos con los oídos, los nervios lo transmiten al cerebro. El cerebro clasifica esta información y descifra lo que ves y el sonido que escuchas. Los ojos pueden ver hasta 10 millones de colores diferentes.

El sonido se transmite por vibraciones que se generan cuando un objeto se mueve. El sonido de la voz de mi mamá llamándome hace que las partículas de aire vibren y estas partículas llegan a mis oídos convertidas en sonido.

¡Ay!
¡Sí, mamá, de acuerdo!
¡Mis oídos están perfectos!
¡Ya te escuché!

¿Qué es ese olor?

La nariz

Olemos por la nariz, la cual captura el aroma mediante un órgano pequeño situado en la parte superior e interior de la nariz. Saboreamos con la lengua. La lengua puede detectar sabores dulces, salados, ácidos y amargos con sus innumerables papilas gustativas. Bajo la piel hay diminutos nervios. Los nervios captan las sensaciones de calor, de frío y de comezón. Esta información sensorial es enviada al cerebro, que nos indica lo que sentimos.

Mamá,

¿por favor, puedo comer un huevo frito?

¡Ay, está caliente!

Mamá, por favor, no me regañes.
Mi cabeza me da vueltas.
Mi cuerpo envía continuamente señales
de todas partes, como un teléfono que no
cesa de sonar.

De veras, ¡es cierto!

¡Ring, ring!

Oh, una señal sonó en mi cuerpo.

Tengo que ir al baño.

¡Ring, ring!
¡Ring, ring!

Mi cuerpo suena como un teléfono todo el día.
Mis ojos, nariz, boca, oídos, piel, manos,
pies y cabello...
Todos envían señales a mi cerebro.

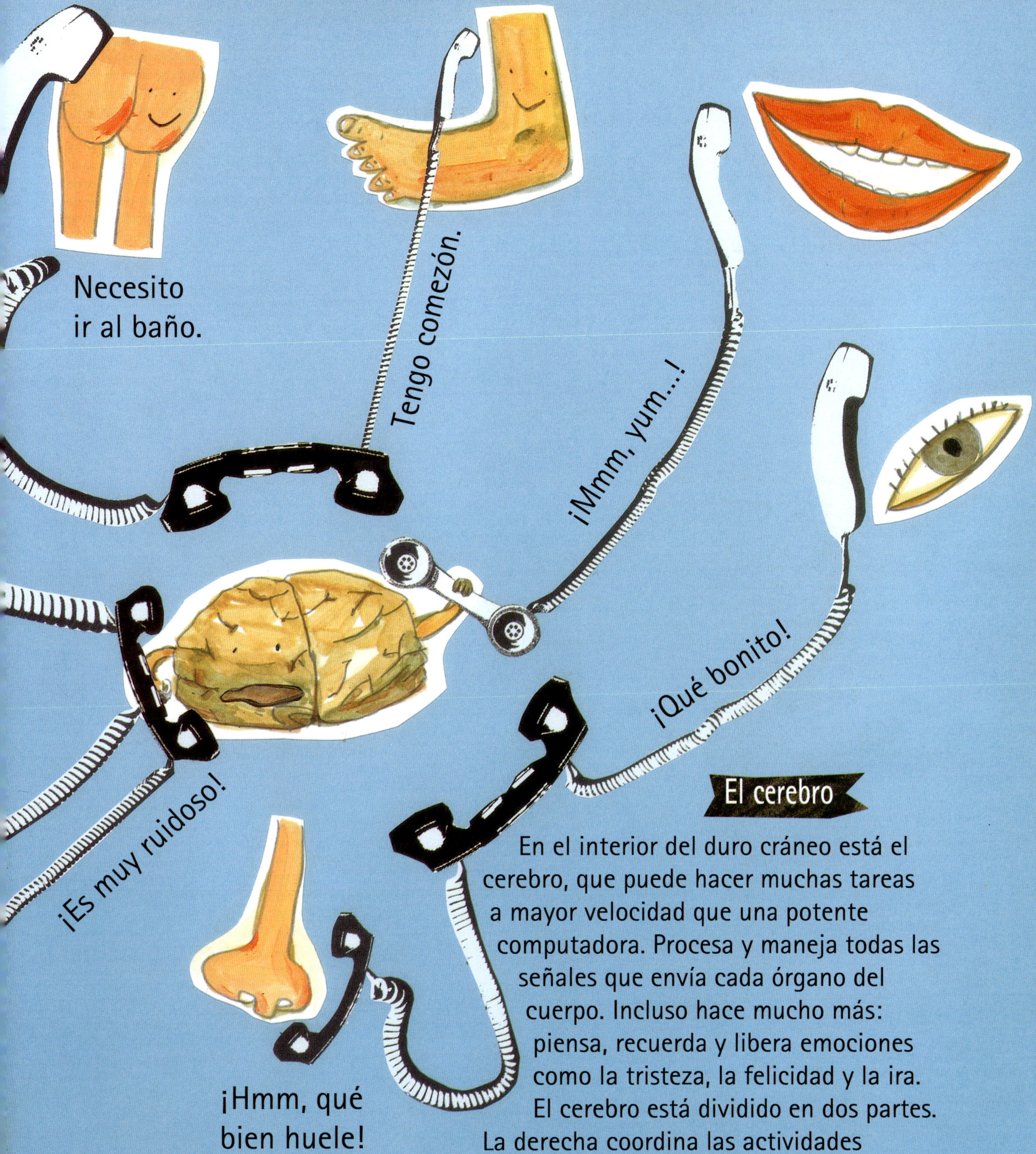

El cerebro

En el interior del duro cráneo está el cerebro, que puede hacer muchas tareas a mayor velocidad que una potente computadora. Procesa y maneja todas las señales que envía cada órgano del cuerpo. Incluso hace mucho más: piensa, recuerda y libera emociones como la tristeza, la felicidad y la ira. El cerebro está dividido en dos partes. La derecha coordina las actividades artísticas y las relacionadas con los deportes; la parte izquierda controla el habla, el cálculo y el pensamiento lógico.

Debe haber estructuras en cada zona de nuestro cuerpo que las sensaciones pueden atravesar.

En el momento en que piensas
"¡Me pica la nariz!"
tu dedo índice recibe una orden
para que toques tu nariz.

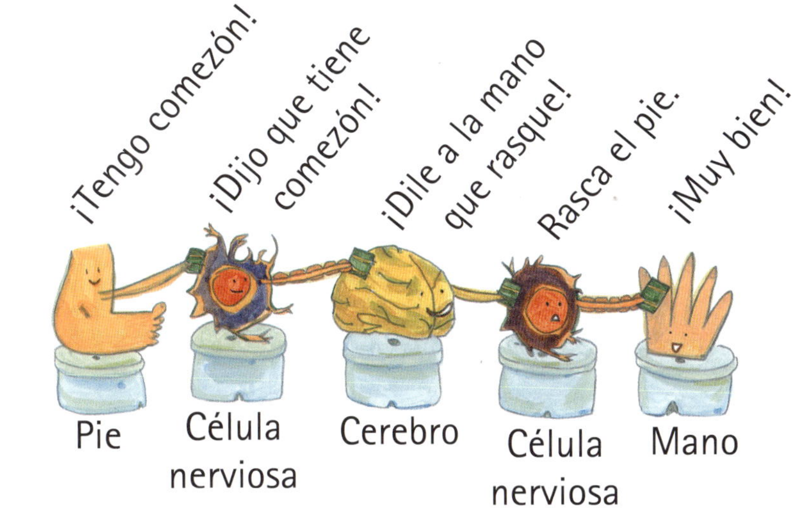

Los nervios cerebrales

Los nervios se extienden como ramas por el cuerpo. Si algo sucede en el cuerpo, cada órgano envía señales al cerebro a través de los nervios. Entonces, al recibirlas, el cerebro envía varias órdenes a otras partes del cuerpo. Los nervios están formados por numerosas células nerviosas que envían señales a través del cuerpo. La velocidad a que las células nerviosas envían las señales es muy rápida. A una señal le toma sólo 0.01 segundos llegar del pie al cerebro.

Sí, mamá, haré lo que dices.

Ya me lavé la cara.

Me siento muy bien y en este momento me veo encantadora.

¡Mamá, mírame!

¡Ven a comer!

¡Sí, mamá!

Digestión-Excreción

El cuerpo necesita muchos nutrientes, porque somos seres activos y necesitamos energía para caminar, correr, pensar y estudiar. ¿De dónde los obtenemos? ¡De la comida! Tan pronto empezamos a comer, inicia la digestión, proceso por el cual la comida se descompone en piezas más pequeñas para obtener los nutrientes. Los órganos que forman parte de la digestión son la boca, el esófago, el estómago, el intestino delgado y el intestino grueso, que termina en el ano. Cuando absorbemos todos los nutrientes, los restos de comida que el cuerpo no necesita se expulsan en forma de excremento y orina.

¡Mamá, mamá! Quiero seguir hablando...

Creo que tengo que irme a jugar afuera con mis amigos.

Mamá, ¿sabes?, les agrado a mis amigos.
No, no me duele la cabeza ni el estómago.
Mi mente está clara y me siento llena de energía.

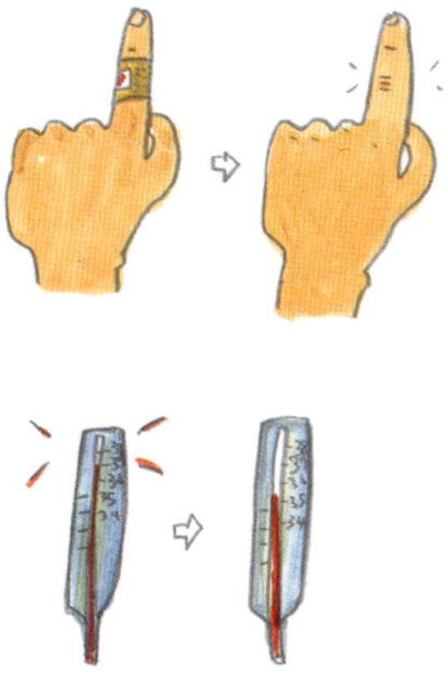

Control de la homeostasis

El cuerpo produce sustancias especiales llamadas *hormonas*. Las hormonas ayudan a proteger y a mantener sano el cuerpo. Cuando nuestra piel se raspa, se forma piel nueva; cuando hace calor, sudamos, y cuando hace frío tiritamos, para mantener el cuerpo a una temperatura normal.
La capacidad de sanar nuestro cuerpo debilitado o enfermo, y volverlo a su estado normal, se llama *homeostasis*.

¡Ve y diviértete!

¡Lo haré! ¡Adiós, mamá!

Nota del profesor:
No soy floja
Kim Gil-Won (Universidad de Seúl, profesor de Ciencias de la Vida).

Nuestro cuerpo siempre trabaja, incluso cuando descansamos o dormimos. Los pulmones inhalan y exhalan aire en forma continua, y la sangre fluye por el cuerpo a través de los vasos sanguíneos. Los ojos reciben constantemente la luz y enfocan para que podamos ver bien, e incluso le informan al cerebro lo que vemos. La nariz trabaja para que podamos oler.

El cerebro recuerda el aroma de las cosas que huele la nariz. Los oídos también trabajan al escuchar sonidos y localizar de dónde provienen. Las dos sustancias principales que forman nuestro cuerpo son agua y proteínas. Un cuerpo adulto contiene más de 50 kilos de agua y proteína, equivalente a lo que se encuentra en 30 kilos de cacahuates. Asimismo, muchas otras sustancias moleculares simples, que se hallan en la naturaleza, contribuyen a la formación de nuestros cuerpos. Aunque nuestra estructura es simple, el trabajo que lleva a cabo el cuerpo es extraordinario. Ninguna máquina fabricada por el hombre puede igualar la calidad, la cantidad y la duración del trabajo que realiza nuestro cuerpo. Las células absorben y producen varias sustancias, que son distribuidas por el cuerpo. Cada célula se divide para reproducirse. Las células viejas mueren y se producen nuevas. Las células se reúnen y forman la estructura de los huesos, los músculos y los vasos sanguíneos; estas estructuras se unen para formar órganos como el corazón, los pulmones y el estómago, que llevan a cabo tareas específicas. Las células, los tejidos y los órganos hacen el trabajo que tienen asignado, como una orden al cerebro. Los pulmones se contraen y se expanden para inhalar y exhalar aire.

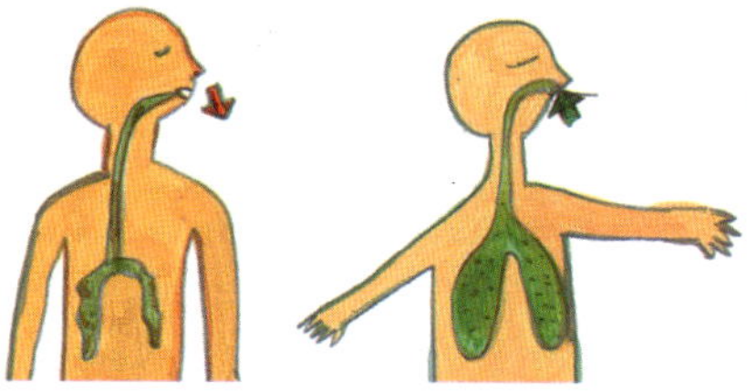

Asimismo, las células transportan el oxígeno en la sangre al corazón. Éste recoge las partículas de oxígeno, y la sangre las distribuye a las diferentes partes del cuerpo. El oxígeno es un elemento esencial para la producción de energía en el cuerpo. La sangre sólo necesita 45 segundos para circular por todo el cuerpo. ¡Es muy veloz! El corazón es el órgano que da fuerza a los vasos sanguíneos para permitir que la sangre fluya con esa rapidez. Se contrae y se expande para bombear la sangre por el cuerpo. Coloca una mano sobre tu corazón y siente la fuerza con que trabaja. Hay 206 huesos en nuestro cuerpo. A veces, los tejidos de los huesos se deterioran o se forman nuevos tejidos.

Nuestro cuerpo puede hacer muchas cosas. Las células de los tejidos y los órganos trabajan mucho y en forma continua para descomponer las sustancias de la comida en energía útil. Piensa en algunas de las tareas que efectúa el cuerpo. El cuerpo es capaz de hacer mucho más de lo que creemos.

El autor, **So Hyeon**, se graduó en Literatura Creativa en la Universidad Dongguk. Está dedicado a escribir libros infantiles y es autor de *Why Do Adults Nag?*

La ilustradora, **Cho Eun-Yeong**, tiene una maestría en Diseño Visual de la Universidad Femenina Ewha y acaba de terminar un curso sobre Ilustración Coreana. Le encanta trabajar haciendo libros para niños porque considera que tienen mentes frescas y puras.

El editor, **Kim Gil-Won**, se graduó de maestría en Ciencias Animales en la Universidad Hankuk Kyowon y se doctoró en Conducta Animal en la Universidad de Nancy en Francia. Ha trabajado como investigador en la Universidad de Wisconsin. Actualmente enseña Ciencias de la Vida en la Universidad Nacional de Seúl como profesor Brain Korea (eminencia de Corea). Ha escrito: *Nursing Baby Animals, How Do Animals Build Their Homes?* y *Migration of Animals.*

Altea

No soy floja | ISBN: 978-970-580-304-8

Título Original: *I Am Not a Lazy Person* | D.R. © Yeowon Media, 2006 | De la primera edición en español: D.R. © Santillana Ediciones Generales, S.A. de C.V., 2007, Av. Río Mixcoac 274, Col. Acacias, México, D.F. | Coordinación editorial: Gerardo Mendiola | Traducción y formación: Alquimia Ediciones, S.A. de C.V. | Cuidado de la edición: William Dietzel y Gerardo Mendiola

De esta edición: D.R. © Santillana USA Publishing Company, Inc., 2012.
2023 NW 84th Ave., Doral, FL 33178

www.santillanausa.com